AF199046

Impressum
Verlag: BABADADA GmbH, Nedderfeld 112 , 22529 Hamburg
Geschäftsführer / Verlagsleitung: Harald Hof
Druck: Books on Demand GmbH, In de Tarpen 42, 22848 Norderstedt

Imprint
Publisher: BABADADA GmbH, Nedderfeld 112 , 22529 Hamburg, Germany
Managing Director / Publishing direction: Harald Hof
Print: Books on Demand GmbH, In de Tarpen 42, 22848 Norderstedt

school
l'école

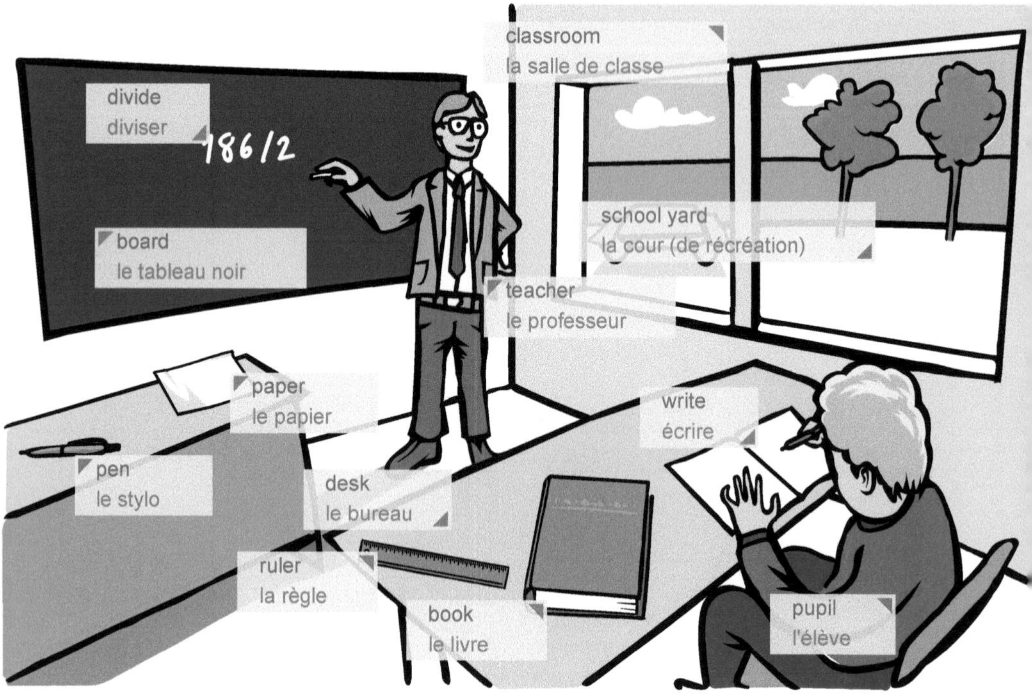

classroom
la salle de classe
divide
diviser
186/2
board
le tableau noir
school yard
la cour (de récréation)
teacher
le professeur
paper
le papier
write
écrire
pen
le stylo
desk
le bureau
ruler
la règle
book
le livre
pupil
l'élève

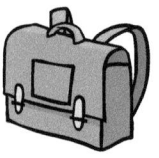

satchel

le cartable

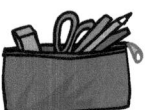

pencil case

la trousse

pencil

le crayon

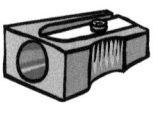

pencil sharpener

le taille-crayon

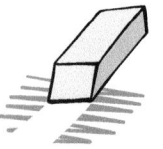

rubber

la gomme

drawing pad

le carnet à dessin

drawing

le dessin

paintbrush

le pinceau

paint box

la boîte de peinture

scissors

les ciseaux

glue

la colle

exercise book

le cahier d'exercices

homework

les devoirs

number

le chiffre

add

additionner

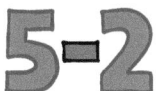

subtract

soustraire

multiply

multiplier

calculate

calculer

letter

la lettre

alphabet

l'alphabet

hello

word

le mot

text

le texte

read

lire

chalk

la craie

lesson

la leçon

register

le livre de classe

examination

l'examen

certificate

le certificat

school uniform

l'uniforme scolaire

education

la formation

encyclopedia

le lexique

university

l'université

microscope

le microscope

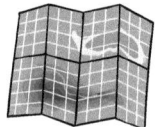

map

la carte

waste-paper basket

la corbeille à papier

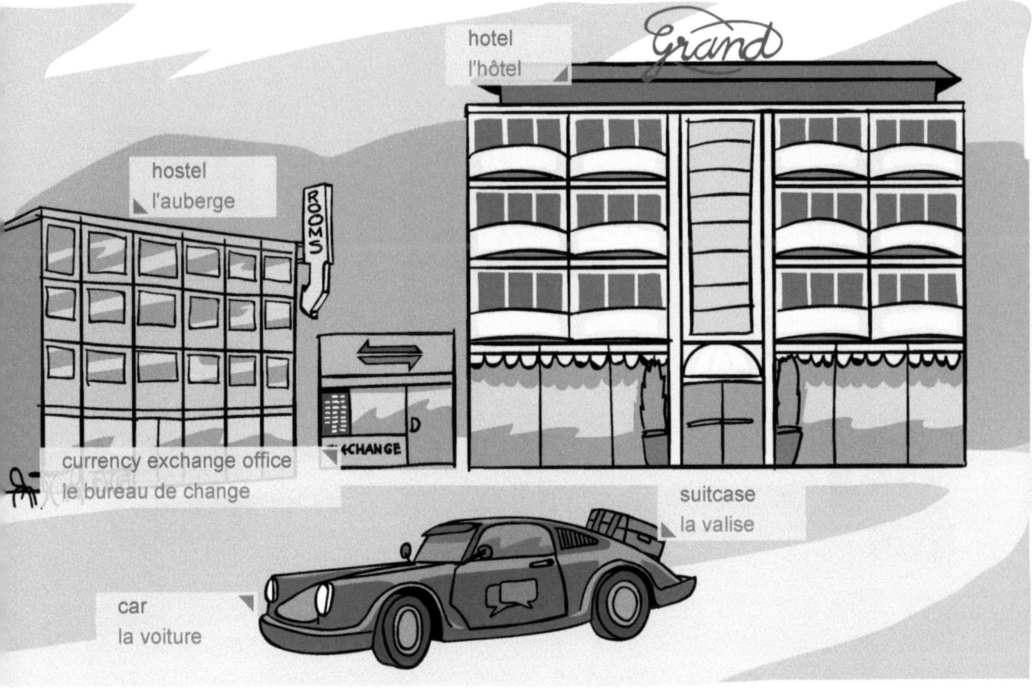

hotel
l'hôtel
Grand
hostel
l'auberge
ROOMS
EXCHANGE
currency exchange office
le bureau de change
suitcase
la valise
car
la voiture

language
la langue

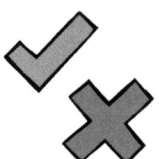

yes / no
oui / non

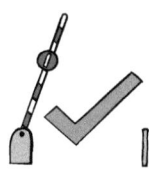

Okay
d'accord

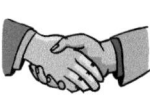

hello
Salut

translator
l'interprète

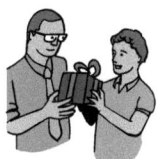

Thank you
merci

how much is...?

Combien coûte...?

I don´t get it

Je ne comprends pas

problem

le problème

Good evening!

Bonsoir !

Good morning!

Bonjour !

Good night!

Bonne nuit !

goodbye

Au revoir

direction

la direction

luggage

les bagages

bag

le sac

backpack

le sac-à-dos

guest

l'hôte

room

la pièce

sleeping bag

le sac de couchage

tent

la tente

tourist information

l'office de tourisme

beach

la plage

credit card

la carte de crédit

breakfast

le petit-déjeuner

lunch

le déjeuner

dinner

le dîner

Ticket

le billet

elevator

l'ascenseur

stamp

le timbre

border

la frontière

customs

la douane

embassy

l'ambassade

visa

le visa

passport

le passeport

transport

le transport

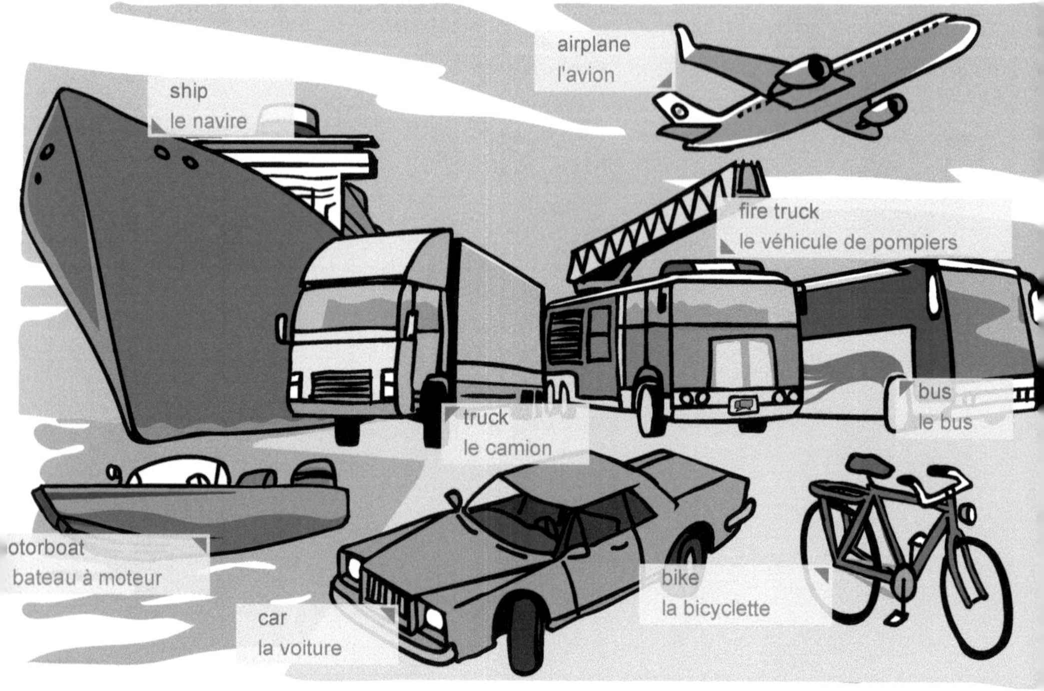

airplane
l'avion
ship
le navire
fire truck
le véhicule de pompiers
truck
le camion
bus
le bus
otorboat
bateau à moteur
bike
la bicyclette
car
la voiture

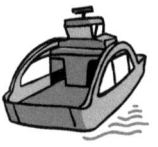

ferry

le ferry

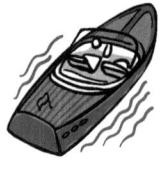

boat

la barque

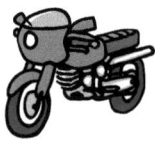

motorbike

la moto

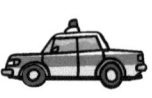

police car

la voiture de police

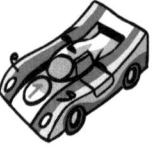

racing car

la voiture de course

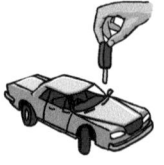

rental car

la voiture de location

car sharing

l'auto-partage

tow truck

la voiture de remorquage

garbage truck

la benne à ordures

engine

le moteur

fuel

l'essence

fuel station

la station d'essence

traffic sign

le panneau indicateur

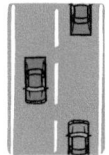

traffic

le trafic

traffic jam

l'embouteillage

parking lot

le parking

train station

la gare

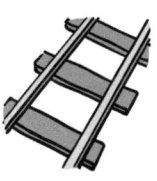

tracks

les rails

train

le train

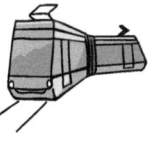

tram

le tramway

wagon

le wagon

helicopter

l'hélicoptère

airport

l'aéroport

tower

la tour

passenger

le passager

container

le conteneur

carton

le carton

cart

le chariot

basket

la corbeille

take off / land

décoller / atterrir

city

la ville

village

le village

city center

le centre-ville

house

la maison

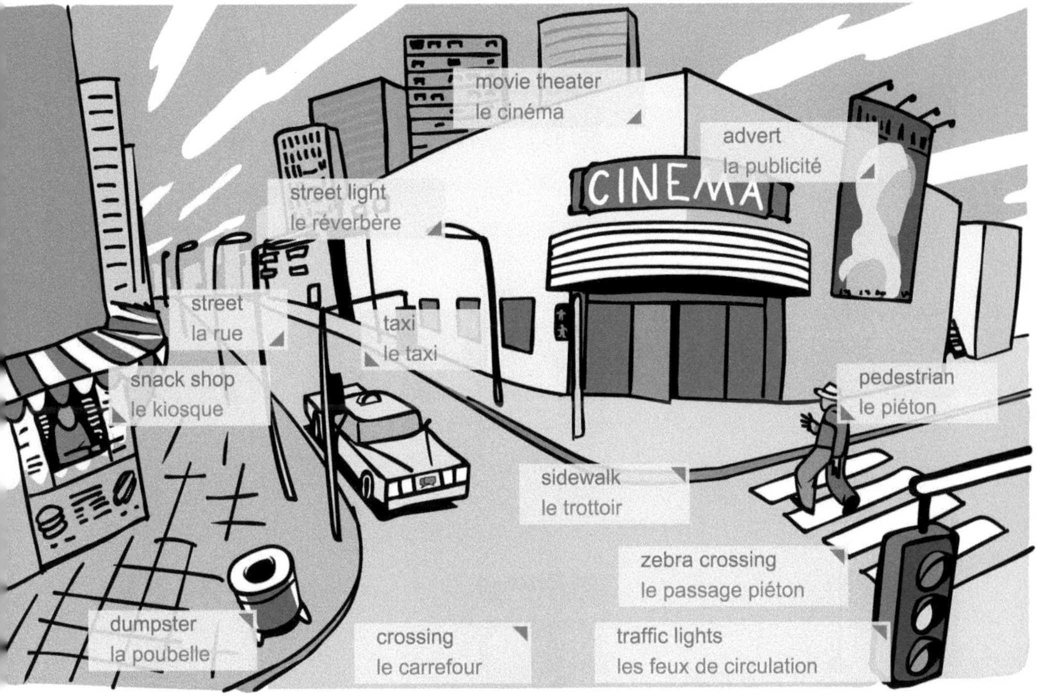

movie theater
le cinéma

advert
la publicité

street light
le réverbère

CINEMA

street
la rue

taxi
le taxi

pedestrian
le piéton

snack shop
le kiosque

sidewalk
le trottoir

zebra crossing
le passage piéton

dumpster
la poubelle

crossing
le carrefour

traffic lights
les feux de circulation

hut
la cabane

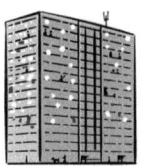

apartment
l'appartement

train station
la gare

city hall
la mairie

museum
le musée

school
l'école

university

l'université

bank

la banque

hospital

l'hôpital

hotel

l'hôtel

pharmacy

la pharmacie

office

le bureau

book shop

la librairie

shop

le magasin

flower shop

le fleuriste

supermarket

le supermarché

market

le marché

department store

le grand magasin

fishmonger's shop

la poissonnerie

mall

le centre commercial

harbor

le port

park
le parc

bench
la banque

bridge
le pont

stairs
les escaliers

subway
le métro

tunnel
le tunnel

bus stop
l'arrêt de bus

bar
le bar

restaurant
le restaurant

postbox
la boîte à lettres

street sign
le panneau indicateur

parking meter
le parcmètre

zoo
le zoo

swimming pool
le réverbère

mosque
la mosquée

farm

la ferme

pollution

la pollution

cemetery

la cimetière

church

l'église

playground

l'aire de jeux

temple

le temple

landscape

le paysage

leaf
la feuille

signpost
le panneau indicateur

path
le chemin

meadow
le pré

stone
la pierre

tree
l'arbre

hiker
le randonneur

river
la rivière

grass
l'herbe

flower
la fleur

valley

la vallée

hill

la montagne

lake

le lac

forest

la forêt

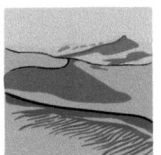

desert

le désert

volcano

le volcan

castle

le château

rainbow

l'arc-en-ciel

mushroom

le champignon

palm tree

le palmier

mosquito

le moustique

fly

la mouche

ant

les fourmis

bee

l'abeille

spider

l'araignée

beetle

le coléoptère

frog

la grenouille

squirrel

l'écureuil

hedgehog

le hérisson

hare

le lièvre

owl

la chouette

bird

l'oiseau

swan

le cygne

boar

le sanglier

deer

le cerf

moose

l'élan

dam

le barrage

wind turbine

l'éolienne

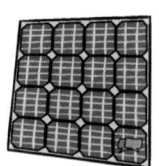

solar panel

le panneau solaire

climate

le climat

restaurant
le restaurant

waiter
le serveur
menu
le menu
chair
la chaise
soup
la soupe
pizza
la pizza
cutlery
les couverts
tablecloth
la nappe

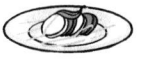

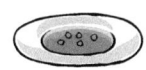

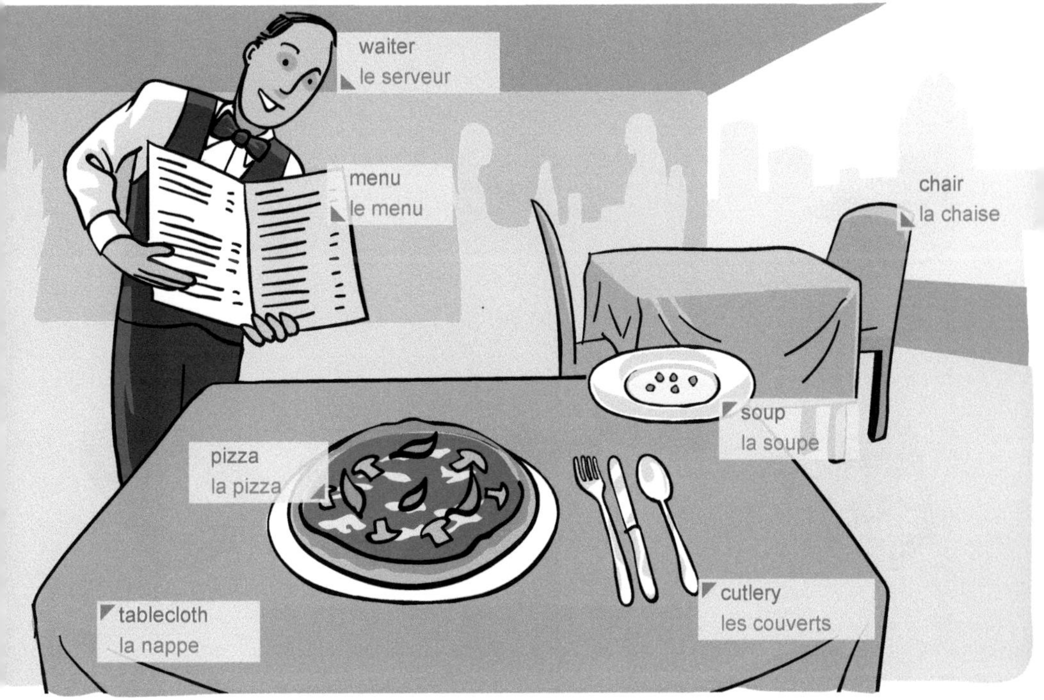

starter
les hors d'œuvre

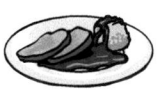

main course
le plat principal

dessert
le dessert

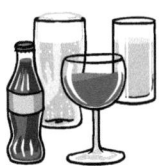

drinks
les boissons

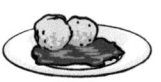

food
l'alimentation

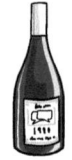

bottle
la bouteille

fast food

le fast-food

street food

les plats à emporter

teapot

la théière

sugar bowl

le sucrier

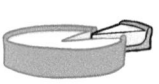

portion

la portion

espresso machine

la machine à expresso

high chair

la chaise haute

bill

la facture

tray

le plateau

knife

le couteau

fork

la fourchette

spoon

la cuillère

teaspoon

la cuillère à thé

serviette

la serviette

glass

le verre

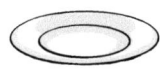

plate

l'assiette

soup plate

l'assiette à soupe

saucer

la soucoupe

sauce

la sauce

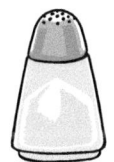

salt shaker

la salière

pepper mill

le moulin à poivre

vinegar

le vinaigre

oil

l'huile

spices

les épices

ketchup

le ketchup

mustard

la moutarde

mayonnaise

la mayonnaise

supermarket
le supermarché

special offer
l'offre promotionnelle
FOR
customer
le client
dairy products
les produits laitiers
fruit
les fruits
shopping cart
le chariot

BUTCHERS

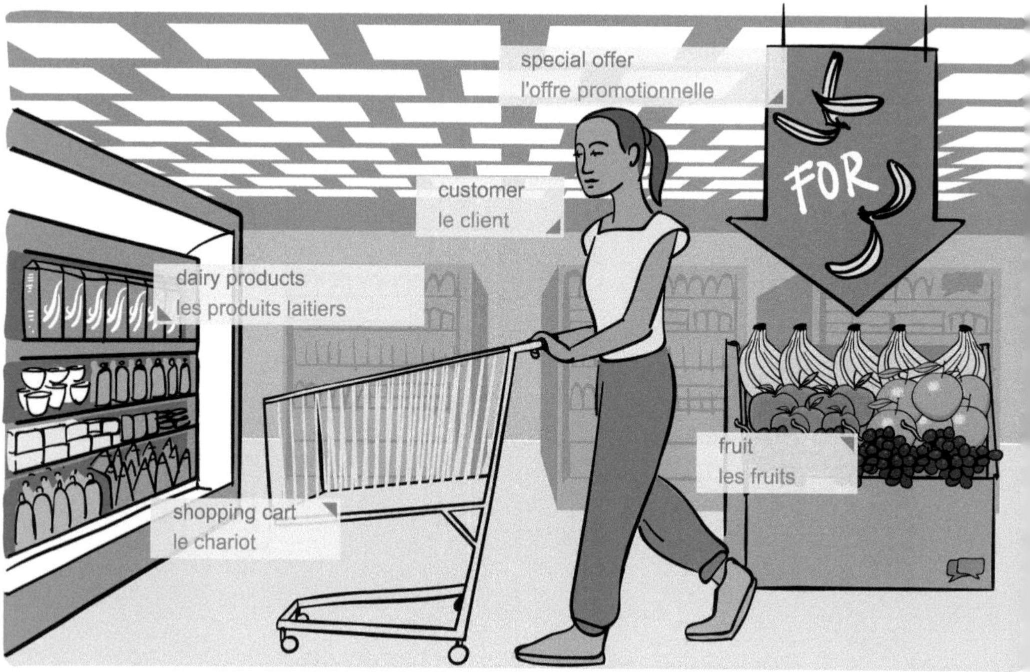

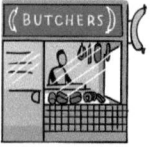

butcher's shop

la boucherie

BAKERY

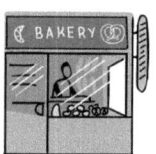

bakery

la boulangerie

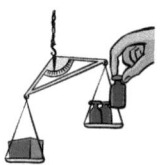

weigh

peser

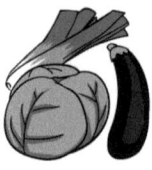

vegetables

les légumes

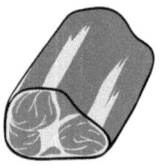

meat

la viande

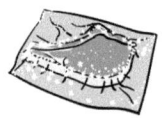

frozen food

les aliments surgelés

cold cuts
la charcuterie

canned food
les conserves

detergent
la poudre à lessive

candy
les bonbons

household products
les articles ménagers

cleaning products
les détergents

sales representative
la vendeuse

cash register
la caisse

cashier
le caissier

shopping list
la liste d'achats

opening hours
les heures d'ouverture

wallet
le portefeuille

credit card
la carte de crédit

bag
le sac

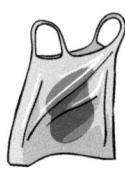

plastic bag
le sac en plastique

water

l'eau

juice

le jus de fruit

milk

le lait

coke

le coca

wine

le vin

beer

la bière

alcohol

l'alcool

cocoa

le chocolat chaud

tea

le thé

coffee

le café

espresso

l'expresso

cappuccino

le cappuccino

banana

la banane

apple

la pomme

orange

l'orange

melon

le melon

lemon

le citron.

carrot

la carotte

garlic

l'ail

bamboo

le bambou

onion

l'oignon

mushroom

le champignon

nuts

les noisettes

noodles

les pâtes

spaghetti

les spaghetti

rice

le riz

salad

la salade

fries

les pommes frites

fried potatoes

les pommes de terre rôties

pizza

la pizza

hamburger

le hamburger

sandwich

le sandwich

escalope

l'escalope

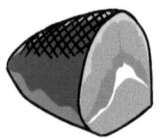

ham

le jambon

salami

le salami

sausage

la saucisse

chicken

le poulet

roast

le rôti

fish

le poisson

porridge oats

les flocons d'avoine

muesli

le muesli

cornflakes

les cornflakes

flour

la farine

croissant

le croissant

bread roll

les petits-pains

bread

le pain

toast

le pain grillé

cookies

les biscuits

butter

le beurre

curd

le fromage blanc

cake

le gâteau

egg

l'œuf

fried egg

l'œuf au plat

cheese

le fromage

food - l'alimentation

ice cream

la glace

sugar

le sucre

honey

le miel

jelly

la confiture

nougat cream

la crème nougat

curry

le curry

farm
la ferme

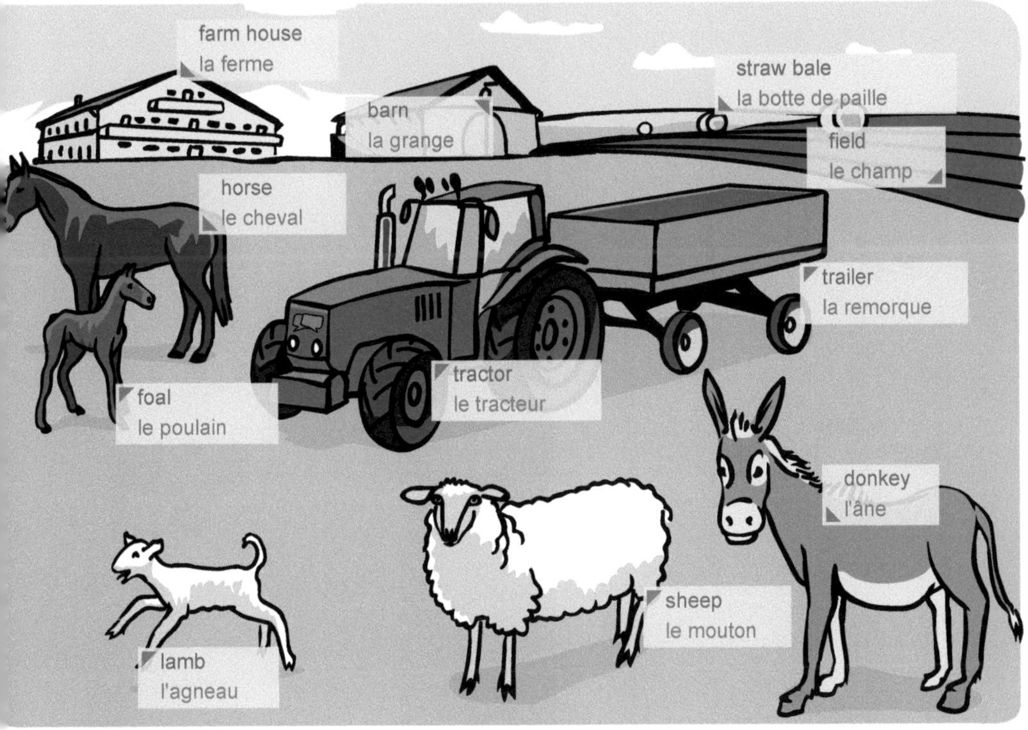

farm house
la ferme
barn
la grange
straw bale
la botte de paille
field
le champ
horse
le cheval
trailer
la remorque
tractor
le tracteur
foal
le poulain
donkey
l'âne
sheep
le mouton
lamb
l'agneau

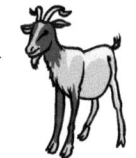

goat

la chèvre

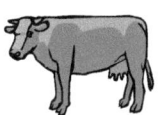

cow

la vache

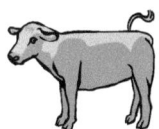

calf

le veau

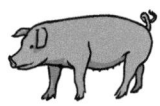

pig

le porc

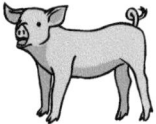

piglet

le porcelet

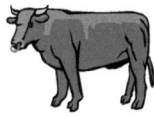

bull

le taureau

goose

l'oie

duck

le canard

chick

le poussin

hen

la poule

cockerel

le coq

rat

le rat

cat

le chat

mouse

la souris

ox

le bœuf

dog

le chien

dog house

le chenil

garden hose

le tuyau de jardin

watering can

l'arrosoir

scythe

la faucheuse

plow

la charrue

sickle

la faucille

hoe

la pioche

pitchfork

la fourche

axe

la hache

pushcart

la brouette

trough

la cuve

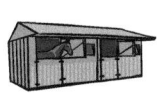

milk can

le pot à lait

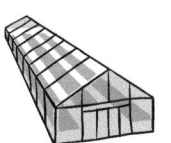

sack

le sac

fence

la clôture

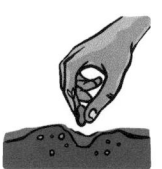

stable

l'étable

greenhouse

le serre

soil

le sol

seed

les semences

fertilizer

l'engrais

combine harvester

la moissonneuse-batteuse

harvest

récolter

harvest

la récolte

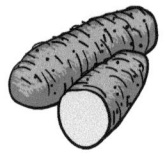

yams

l'igname

wheat

le blé

soya

le soja

potato

la pomme de terre

corn

le maïs

rapeseed

le colza

fruit tree

l'arbre fruitier

manioc

le manioc

grain

les céréales

house
la maison

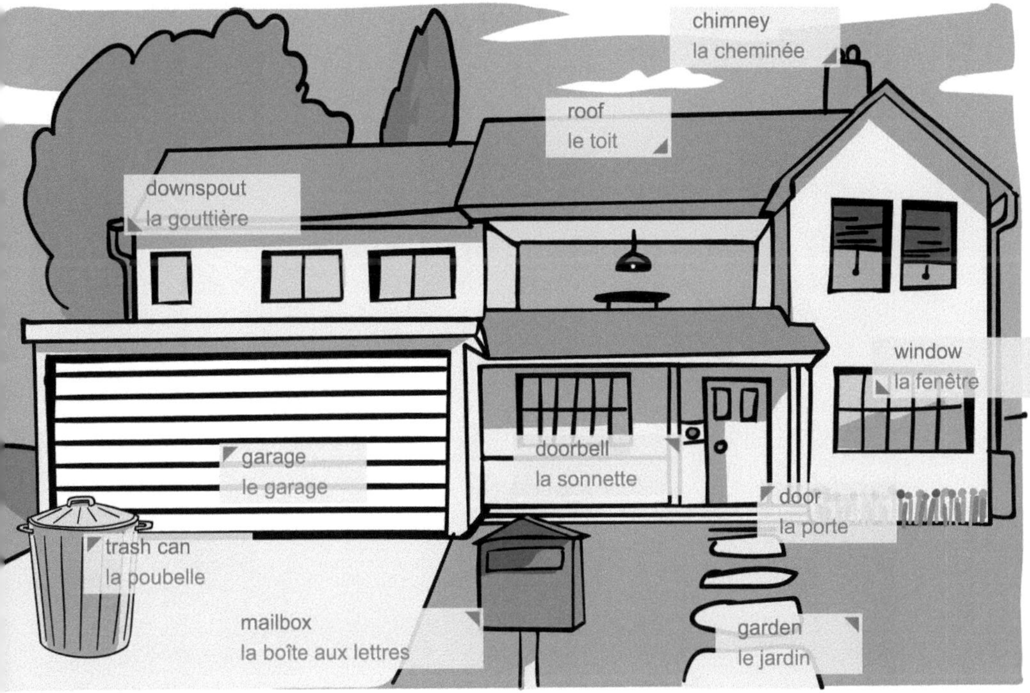
chimney
la cheminée
roof
le toit
downspout
la gouttière
window
la fenêtre
garage
le garage
doorbell
la sonnette
door
la porte
trash can
la poubelle
mailbox
la boîte aux lettres
garden
le jardin

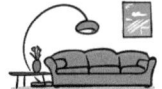

living room

le salon

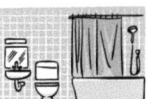

bathroom

la salle de bain

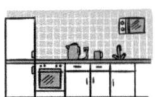

kitchen

la cuisine

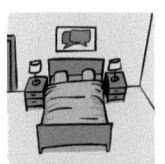

bedroom

la chambre à coucher

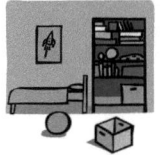

kids room

la chambre d'enfant

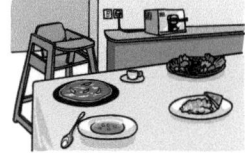

dining room

la salle à manger

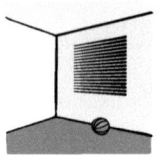

floor

le sol

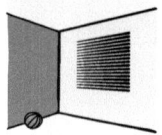

wall

le mur

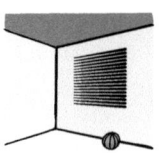

ceiling

le plafond

cellar

la cave

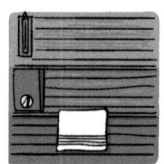

sauna

le sauna

balcony

le balcon

terrace

la terrasse

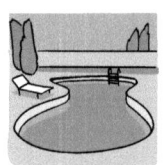

pool

la piscine

lawn mower

la tondeuse à gazon

sheet

la housse

bedspread

la couette

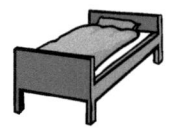

bed

le lit

broom

le balai

bucket

le sceau

switch

l'interrupteur

living room
le salon

wallpaper
le papier peint
picture
l'image
lamp
la lampe
shelf
l'étagère
cabinet
l'armoire
television
la télé
fireplace
la cheminée
flower
la fleur
cushion
le coussin
sofa
le sofa
vase
le vase
remote control
la télécommande

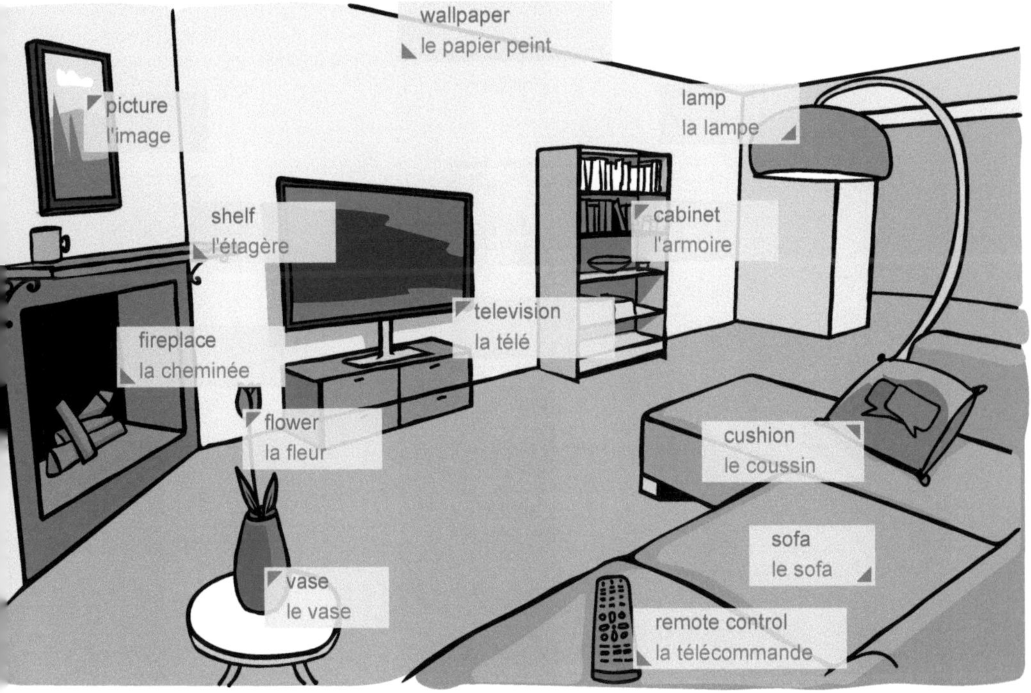

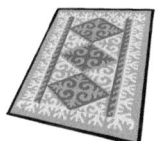

carpet

le tapis

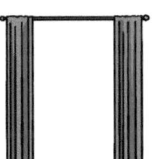

drape

le rideau

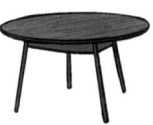

table

la table

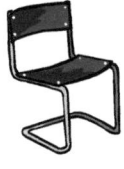

chair

la chaise

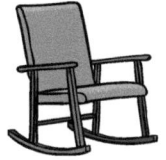

rocking chair

la chaise à bascule

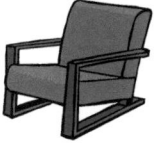

armchair

le fauteuil

book

le livre

blanket

la couverture

decoration

la décoration

firewood

le bois de chauffage

film

le film

stereo system

la chaîne hi-fi

key

la clé

newspaper

le journal

painting

la peinture

poster

le poster

radio

la radio

notebook

le bloc-notes

vacuum cleaner

l'aspirateur

cactus

le cactus

candle

la bougie

kitchen
la cuisine

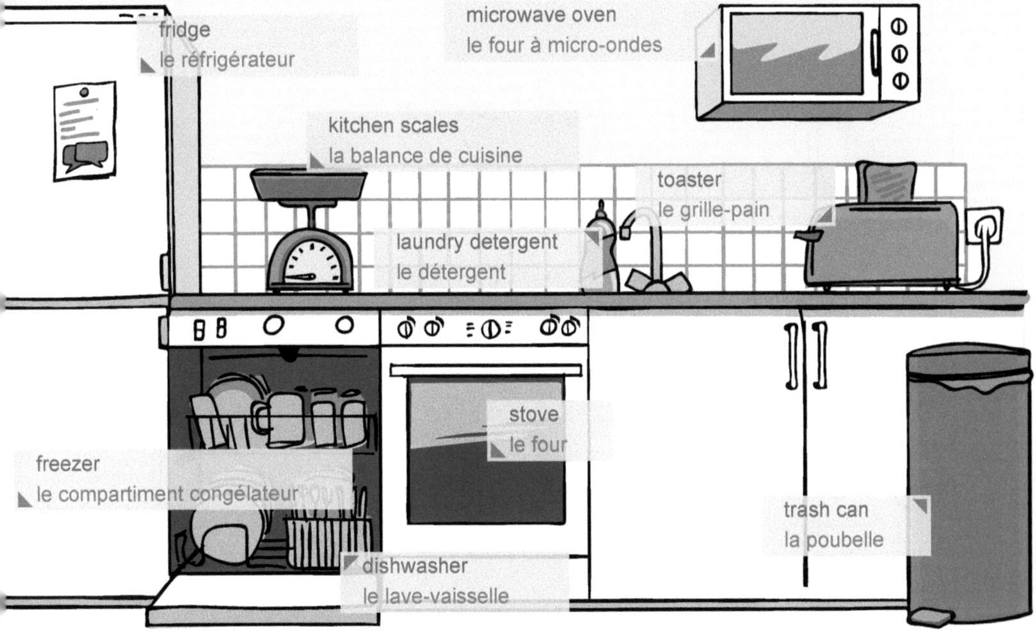
fridge
le réfrigérateur
microwave oven
le four à micro-ondes
kitchen scales
la balance de cuisine
toaster
le grille-pain
laundry detergent
le détergent
stove
le four
freezer
le compartiment congélateur
trash can
la poubelle
dishwasher
le lave-vaisselle

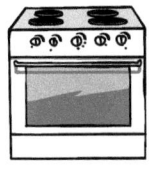

cooker

le four

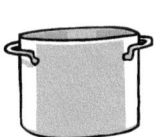

pot

la casserole

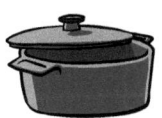

cast-iron pot

la marmite

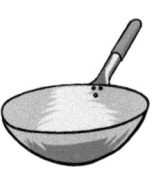

wok / kadai

le wok / kadai

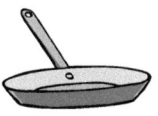

pan

la poêle

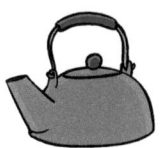

kettle

la bouilloire electrique

steamer

le cuiseur vapeur

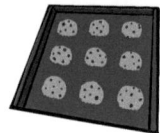

baking tray

la plaque de cuisson

crockery

la vaisselle

mug

le gobelet

bowl

la coupe

chopsticks

les baguettes

ladle

la louche

spatula

la spatule

whisk

le fouet

strainer

la passoire

sieve

le tamis

grater

la râpe

mortar

le mortier

barbecue

le barbecue

fireplace

la cheminée

chopping board

la planche à découper

rolling pin

le rouleau à pâtisserie

corkscrew

le tire-bouchon

can

la boîte

can opener

l'ouvre-boîte

oven cloth

les maniques

sink

le lavabo

brush

la brosse

sponge

l'éponge

blender

le mixeur

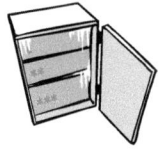

deep freezer

le congélateur

baby bottle

le biberon

tap

le robinet

bathroom
la salle de bain

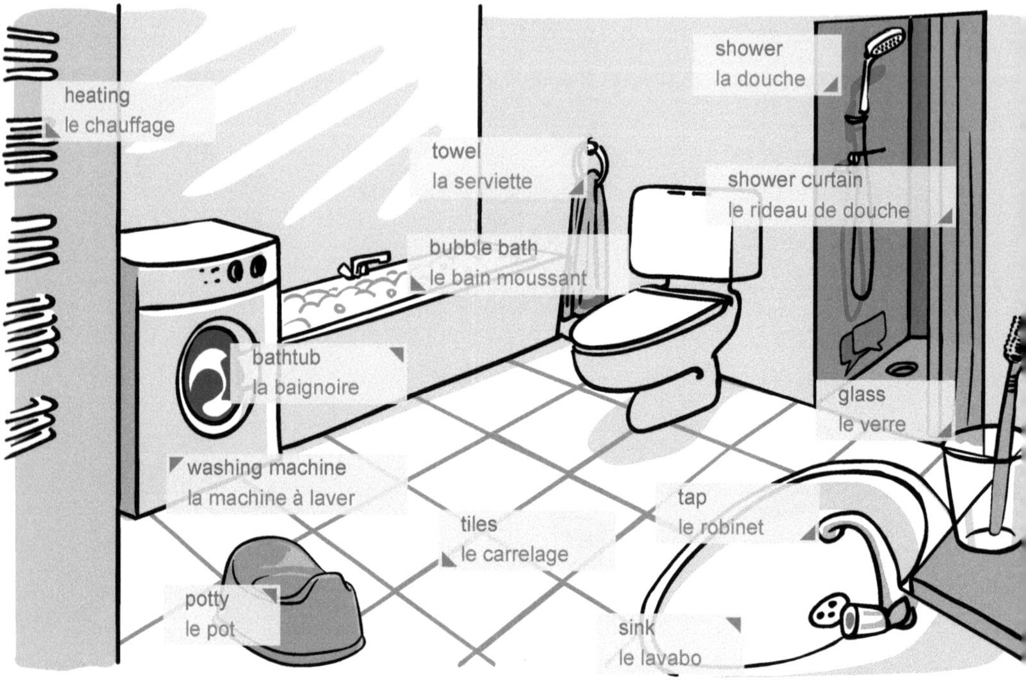
heating
le chauffage
towel
la serviette
shower
la douche
shower curtain
le rideau de douche
bubble bath
le bain moussant
bathtub
la baignoire
washing machine
la machine à laver
glass
le verre
tap
le robinet
tiles
le carrelage
potty
le pot
sink
le lavabo

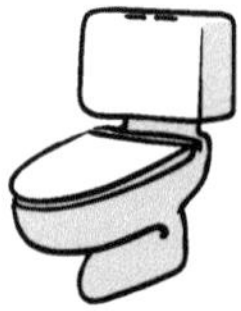

toilet

les toilettes

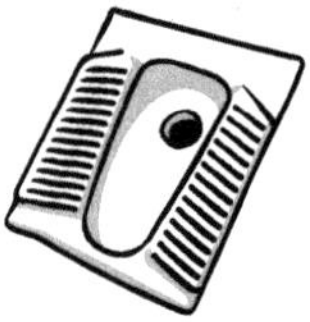

squat toilet

la toilette à la turque

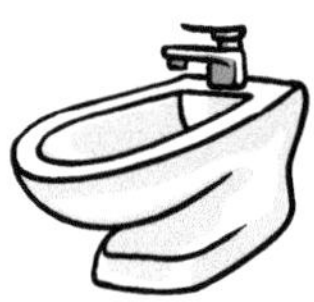

bidet

le bidet

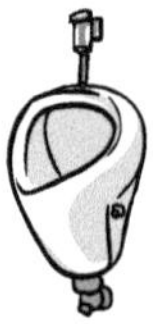

urinal

l'urinoir

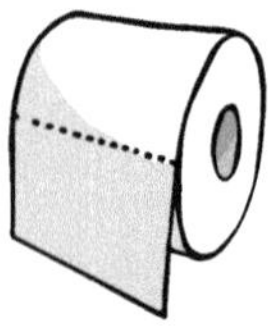

toilet paper

le papier toilette

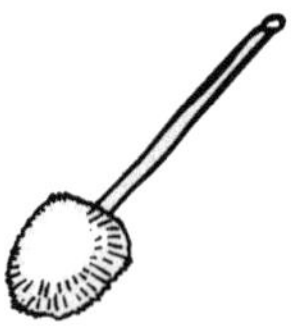

toilet brush

la brosse à toilette

toothbrush

la brosse à dents

toothpaste

le dentifrice

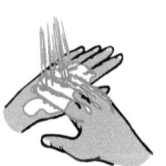

wash

laver

hand shower

la douche manuelle

douche

la douche intime

basin

la vasque

back brush

la brosse dorsale

soap

le savon

shower gel

le gel douche

shampoo

le shampooing

flannel

le gant de toilette

drain

l'écoulement

creme

la crème

deodorant

le déodorant

mirror

le miroir

hand mirror

le miroir cosmétique

razor

le rasoir

shaving foam

la mousse à raser

aftershave

l'après-rasage

comb

la peigne

brush

la brosse

hair-dryer

le sèche-cheveux

hairspray

la laque pour cheveux

makeup

le fond de teint

lipstick

le rouge à lèvres

nail varnish

le vernis à ongles

cotton wool

l'ouate

nail scissors

le coupe-ongles

perfume

le parfum

washbag

la trousse de toilette

stool

le tabouret

weighing scales

le pèse-personne

bathrobe

le peignoir

rubber gloves

les gants de nettoyage

tampon

le tampon

sanitary towel

les serviettes hygiéniques

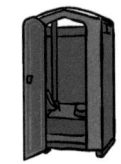

chemical toilet

la toilette chimique

kids room

la chambre d'enfant

alarm clock
le réveil
cuddly toy
le doudou
toy car
la voiture jouet
rattle
le hochet
doll's house
la maison de poupée
present
le cadeau

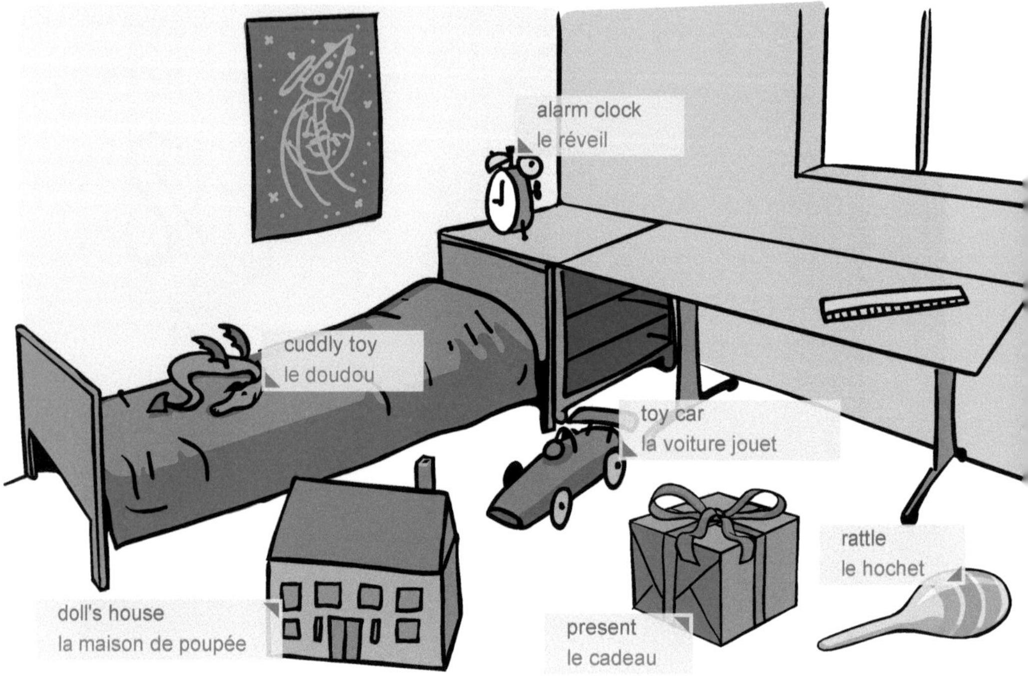

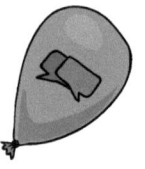

balloon

le ballon

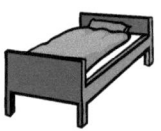

bed

le lit

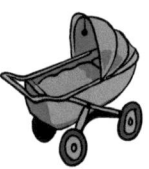

stroller

la poussette

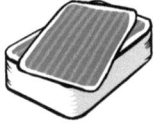

deck of cards

le jeu de cartes

jigsaw

le puzzle

SUPER
MEGA

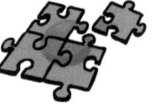

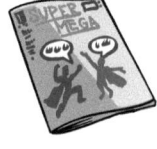

comic

la bande dessinée

lego bricks

les pièces lego

toy blocks

les blocs de construction

action figure

la figurine

romper suit

la grenouillère

frisbee

le frisbee

mobile

le mobile

board game

le jeu de société

dice

le dé

model train set

le train miniature

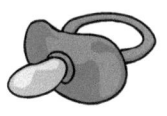

pacifier

la sucette

party

la fête

picture book

le livre d'images

ball

la balle

doll

la poupée

play

jouer

sandpit

le bac à sable

swing

la balançoire

toys

les jouets

video game console

la console de jeu

tricycle

le tricycle

teddy bear

l'ours en peluche

wardrobe

l'armoire

clothing
les vêtements

socks

les chaussettes

stockings

les bas

tights

le collant

scarf
l'écharpe

umbrella
le parapluie

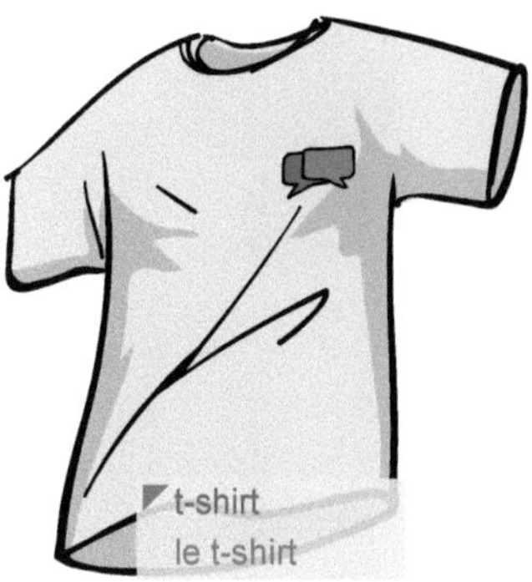

t-shirt
le t-shirt

belt
la ceinture

boots
les bottes

slippers
les pantoufles

sneakers
les baskets

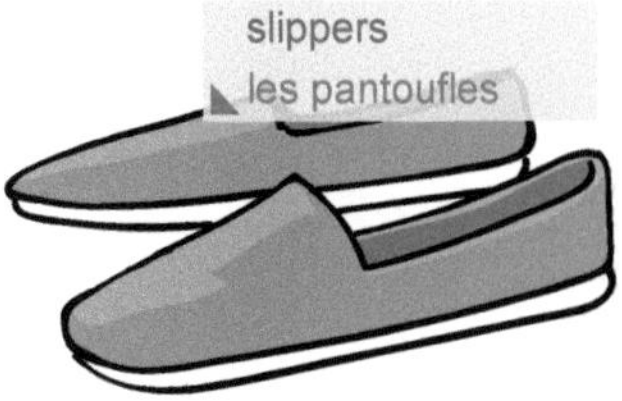

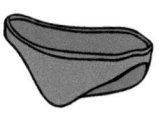

sandals
les sandales

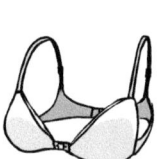

shoes
les chaussures

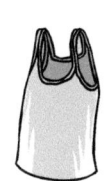

rubber boots
les bottes de caoutchouc

underwear
les sous-vêtements

bra
le soutien-gorge

undershirt
le maillot de corps

body

le body

pants

le pantalon

jeans

le jean

skirt

la jupe

blouse

le chemisier

shirt

la chemise

pullover

le pull

sweater

le sweat à capuche

blazer

la veste

jacket

la veste

coat

le manteau

raincoat

l'imperméable

costume

le costume

dress

la robe

wedding dress

la robe de mariée

suit

le costume

nightgown

la chemise de nuit

pajamas

le pyjama

sari

le sari

headscarf

le foulard

turban

le turban

burka

la burqa

kaftan

le caftan

abaya

l'abaya

swimsuit

le maillot de bain

trunks

le maillot de bain

shorts

le short

tracksuit

la tenue d'entraînement

apron

le tablier

gloves

les gants

clothing - les vêtements

button
le bouton

glasses
les lunettes

bracelet
le bracelet

necklace
le collier

ring
la bague

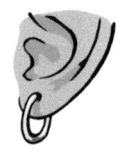

earring
la boucle d'oreille

cap
le bonnet

coat hanger
le cintre

hat
le chapeau

tie
la cravate

zip
la fermeture éclair

helmet
le casque

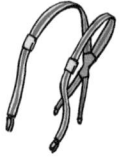

braces
les bretelles

school uniform
l'uniforme scolaire

uniform
l'uniforme

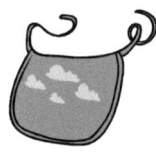

bib

le bavoir

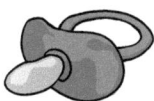

pacifier

la sucette

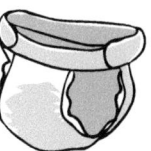

diaper

la lange

office

le bureau

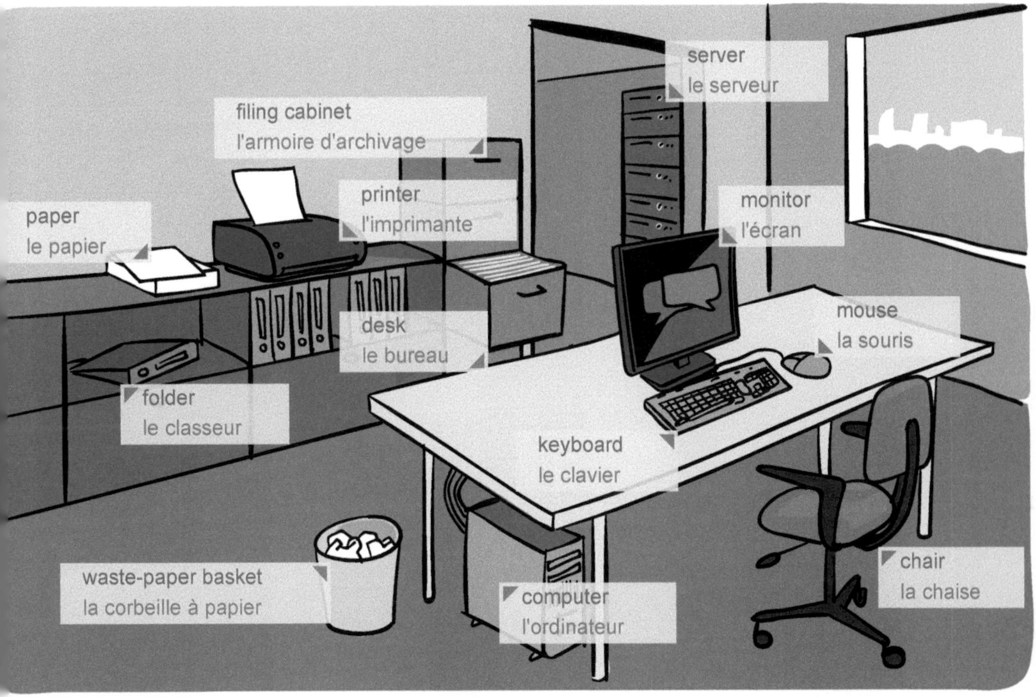
server
le serveur
filing cabinet
l'armoire d'archivage
printer
l'imprimante
monitor
l'écran
paper
le papier
mouse
la souris
desk
le bureau
folder
le classeur
keyboard
le clavier
chair
la chaise
waste-paper basket
la corbeille à papier
computer
l'ordinateur

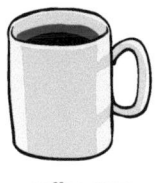

coffee mug

la tasse de café

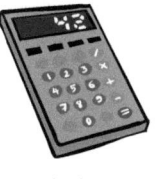

calculator

la calculatrice

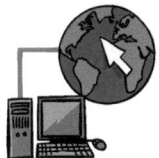

internet

l'internet

laptop

l'ordinateur portable

letter

la lettre

message

le message

cell phone

le portable

network

le réseau

photocopier

la photocopieuse

software

le logiciel

telephone

le téléphone

plug socket

la prise

fax machine

le fax

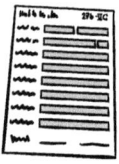

form

le formulaire

document

le document

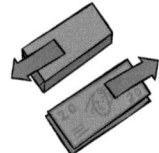

buy

acheter

pay

payer

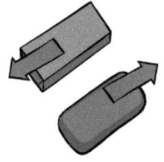

trade

faire du commerce

money

la monnaie

dollar

le dollar

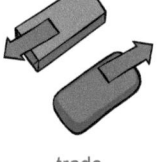

euro

l'euro

yen

le yen

rouble

le rouble

Swiss franc

le franc suisse

renminbi yuan

le renminbi yuan

rupee

la roupie

cash point

le distributeur automatique

currency exchange office

le bureau de change

gold

l'or

silver

l'argent

oil

le pétrole

energy

l'énergie

price

le prix

contract

le contrat

tax

la taxe

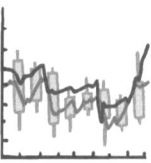

stock

l'action

work

travailler

employee

l'employé

employer

l'employeur

factory

l'usine

shop

le magasin

economy - l'économie

occupations
les professions

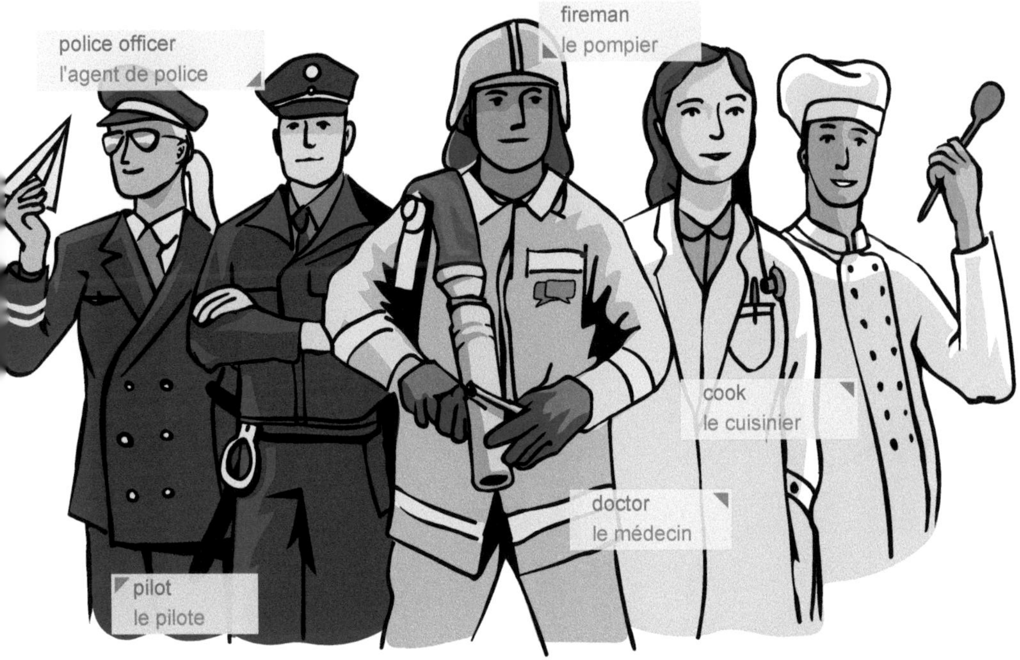
fireman
le pompier
police officer
l'agent de police
cook
le cuisinier
doctor
le médecin
pilot
le pilote

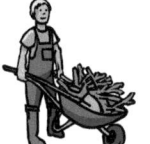

gardener

le jardinier

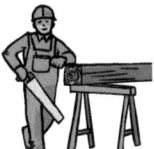

carpenter

le menuisier

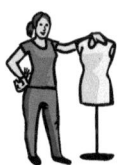

seamstress

la couturière

judge

le juge

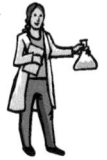

chemist

le chimiste

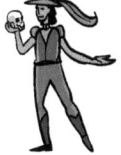

actor

l'acteur

bus driver

le conducteur de bus

taxi driver

le chauffeur de taxi

fisherman

le pêcheur

cleaning lady

la femme de ménage

roofer

le couvreur

waiter

le serveur

hunter

le chasseur

painter

le peintre

baker

le boulanger

electrician

l'électricien

builder

l'ouvrier

engineer

l'ingénieur

butcher

le boucher

plumber

le plombier

postman

le facteur

soldier

le soldat

architect

l'architecte

cashier

le caissier

florist

le fleuriste

hairdresser

le coiffeur

conductor

le contrôleur

mechanic

le mécanicien

captain

le capitaine

dentist

le dentiste

scientist

le scientifique

rabbi

le rabbin

imam

l'imam

monk

le moine

pastor

le prêtre

tools
les outils

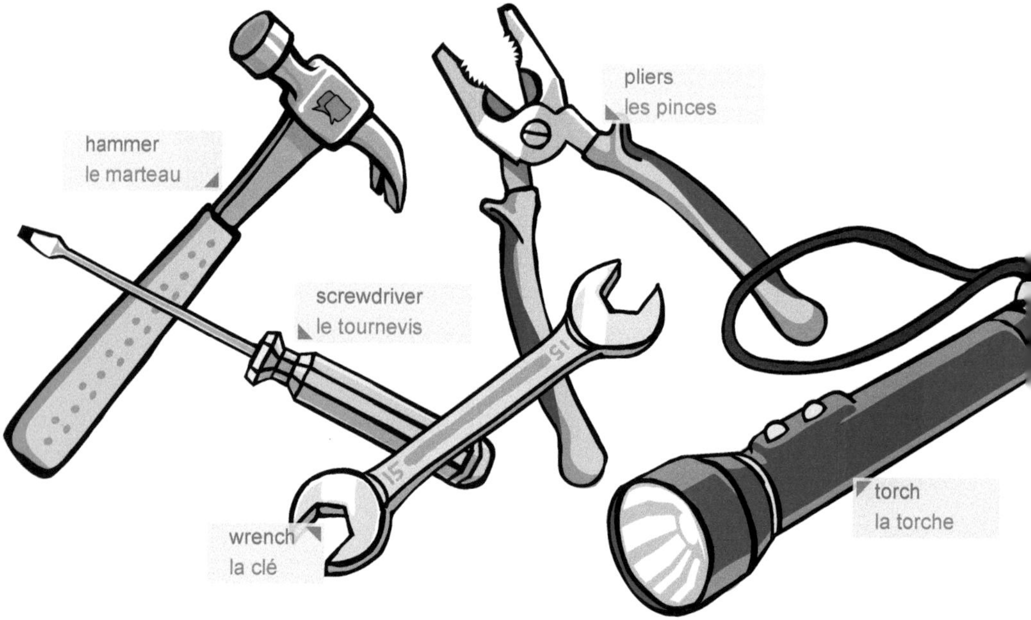

hammer
le marteau
pliers
les pinces
screwdriver
le tournevis
wrench
la clé
torch
la torche

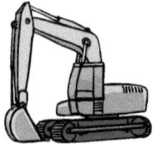

excavator

la pelleteuse

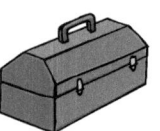

toolbox

la boîte à outils

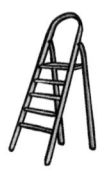

ladder

l'échelle

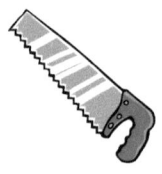

saw

la scie

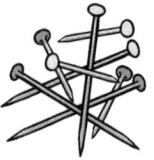

nails

les clous

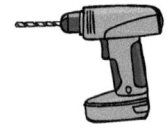

drill

la perceuse

repair
....
réparer

shovel
....
la pelle

Damn!
....
Mince !

dustpan
....
la pelle

paint can
....
le pot de peinture

screws
....
les vis

musical instruments
les instruments de musique

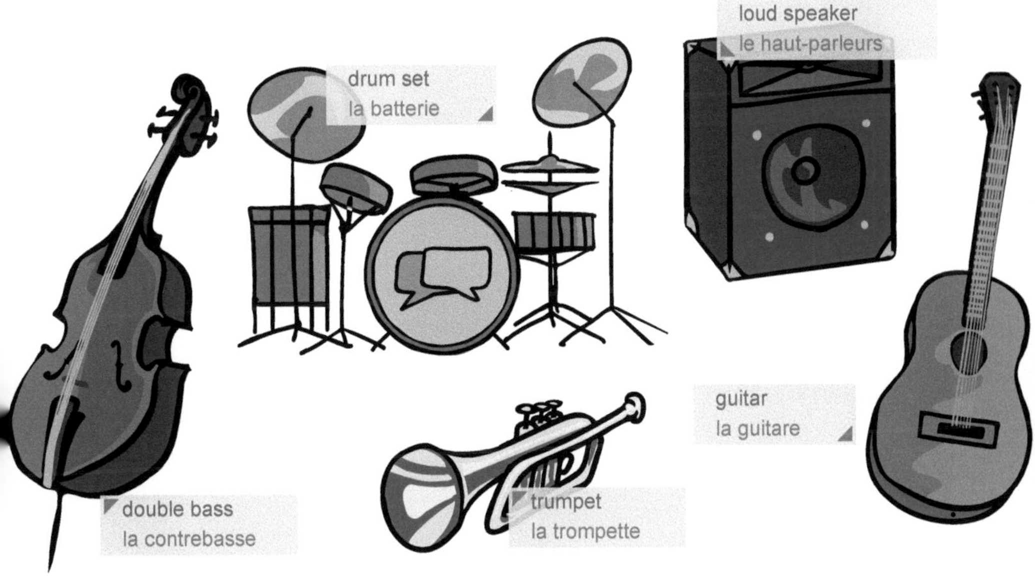

drum set
la batterie

loud speaker
le haut-parleurs

guitar
la guitare

double bass
la contrebasse

trumpet
la trompette

piano

le piano

violin

le violon

bass

la basse

timpani

les timbales

drums

le tambour

keyboard

le piano électrique

saxophone

le saxophone

flute

la flûte

microphone

le microphone

ZOO

le zoo

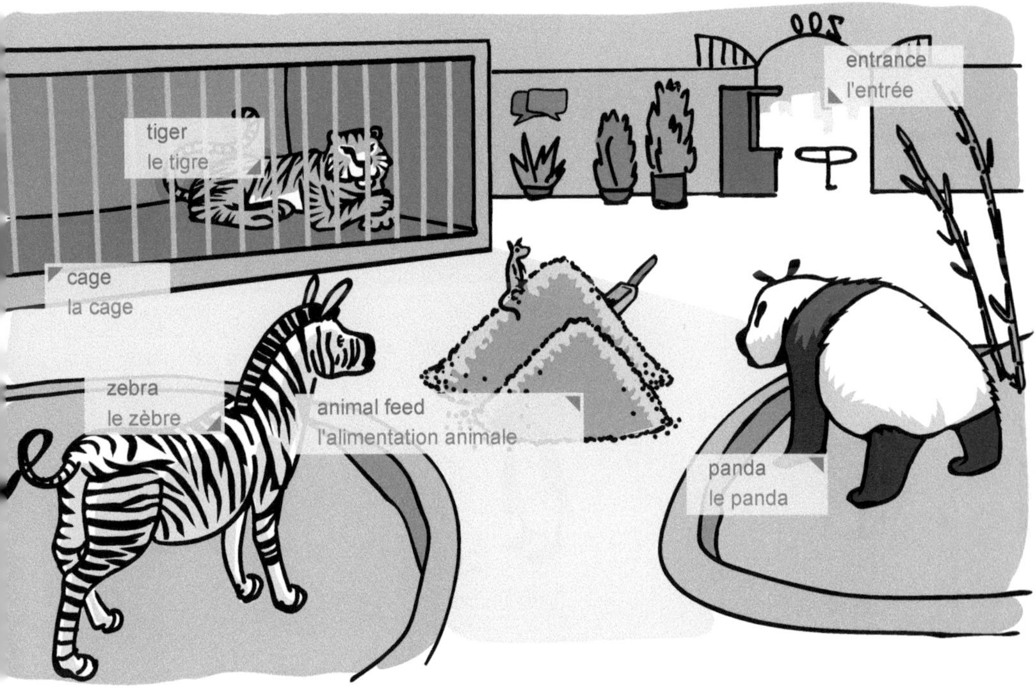
tiger
le tigre
cage
la cage
entrance
l'entrée
zebra
le zèbre
animal feed
l'alimentation animale
panda
le panda

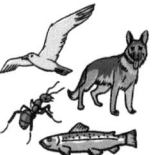

animals

les animaux

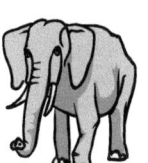

elephant

l'éléphant

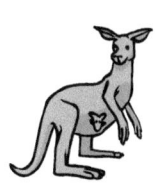

kangaroo

le kangourou

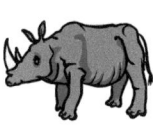

rhino

le rhinocéros

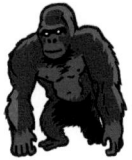

gorilla

le gorille

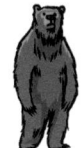

bear

l'ours

camel

le chameau

ostrich

l'autruche

lion

le lion

monkey

le singe

flamingo

le flamand rose

parrot

le perroquet

polar bear

l'ours polaire

penguin

le pingouin

shark

le requin

peacock

le paon

snake

le serpent

crocodile

le crocodile

zookeeper

le gardien de zoo

seal

le phoque

jaguar

le jaguar

pony

le poney

leopard

le léopard

hippo

l'hippopotame

giraffe

la girafe

eagle

l'aigle

boar

le sanglier

fish

le poisson

turtle

la tortue

walrus

le morse

fox

le renard

gazelle

la gazelle

American football
l'american Football

cycling
le cyclisme

tennis
le tennis

basketball
le basket-ball

swimming
la natation

boxing
la boxe

ice hockey
le hockey sur glace

soccer

le football

badminton

le badminton

athletics

l'athlétisme

handball

le handball

skiing

le ski

polo

le polo

activities
les activités

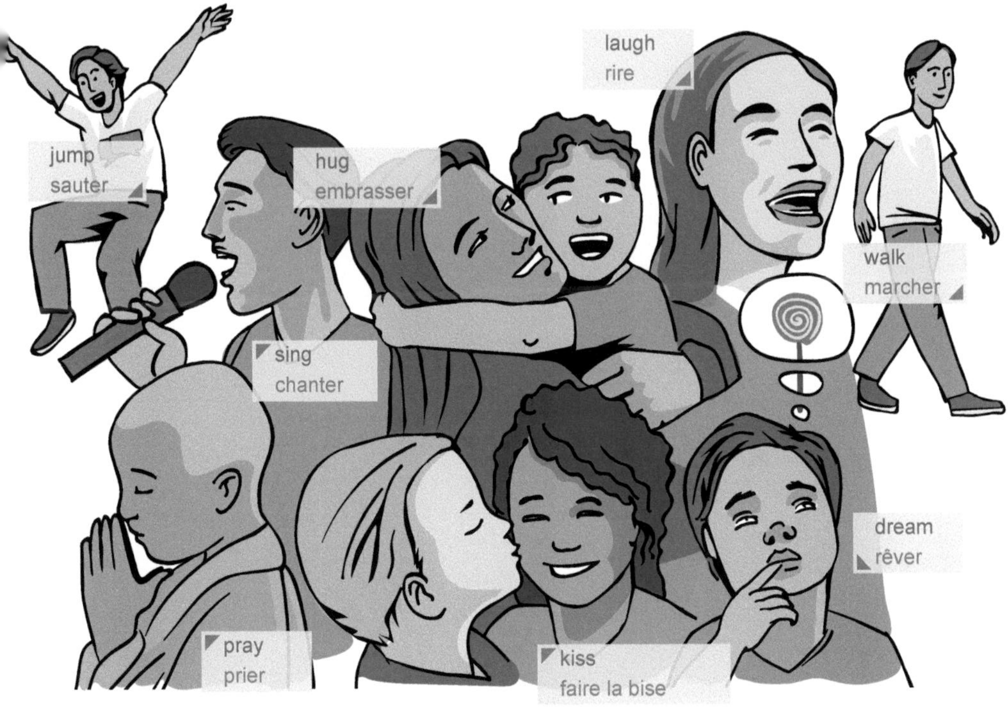
jump
sauter
hug
embrasser
laugh
rire
walk
marcher
sing
chanter
dream
rêver
pray
prier
kiss
faire la bise

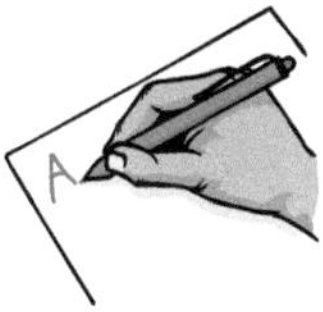

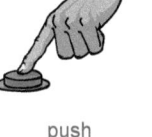

write

écrire

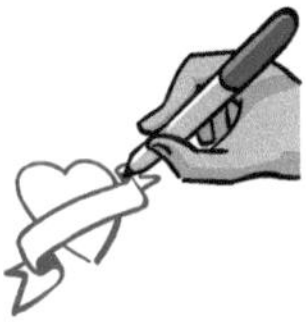

draw

dessiner

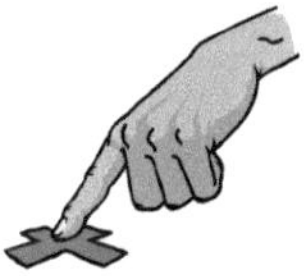

show

montrer

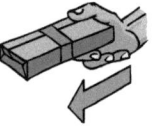

push

pousser

give

donner

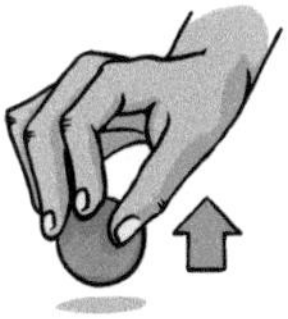

take

prendre

have
avoir

do
faire

be
être

stand
être debout

run
courir

pull
trier

throw
jeter

fall
tomber

lie
être couché

wait
attendre

carry
porter

sit
être assis

get dressed
s'habiller

sleep
dormir

wake up
se réveiller

look at

regarder

cry

pleurer

stroke

caresser

comb

peigner

talk

parler

understand

comprendre

ask

demander

listen

écouter

drink

boire

eat

manger

tidy up

ranger

love

aimer

cook

cuire

drive

conduire

fly

voler

activities - les activités

sail

faire de la voile

calculate

calculer

read

lire

learn

apprendre

work

travailler

marry

se marier

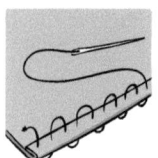

sew

coudre

brush teeth

brosser les dents

kill

tuer

smoke

fumer

send

envoyer

family
la famille

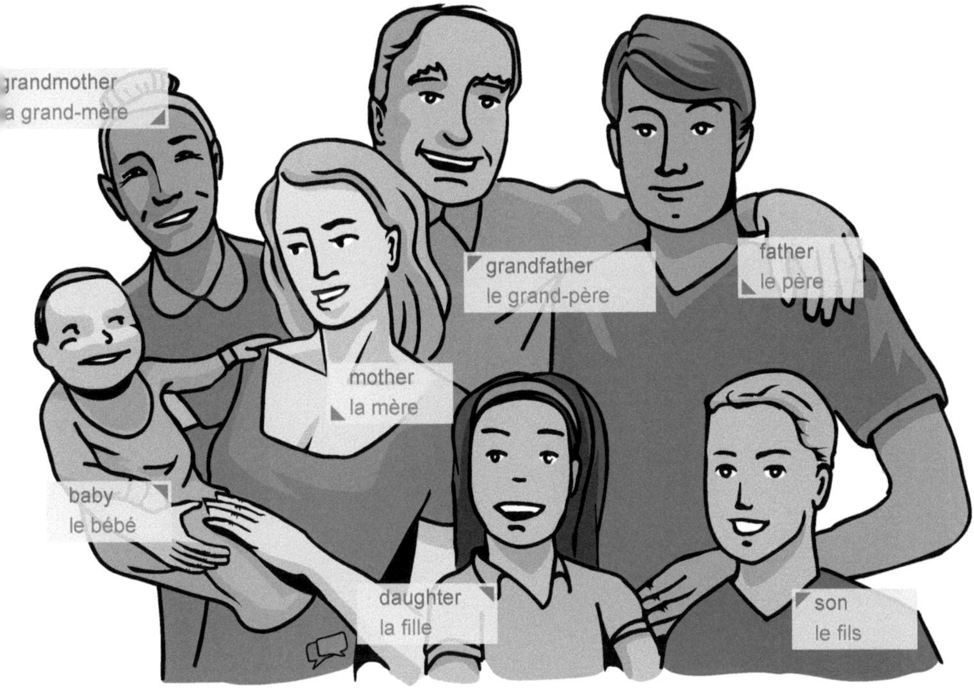

grandmother
a grand-mère
grandfather
le grand-père
father
le père
mother
la mère
baby
le bébé
daughter
la fille
son
le fils

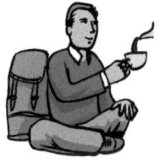

guest

l'hôte

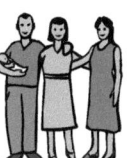

aunt

la tante

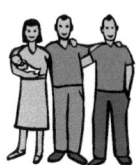

uncle

l'oncle

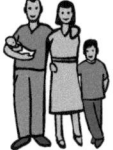

brother

le frère

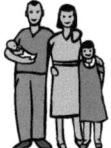

sister

la sœur

body

le corps

forehead
le front
eye
l'œil
face
le visage
chin
le menton
breast
la poitrine
finger
le doigt
hand
la main
arm
le bras
shoulder
l'épaule
leg
la jambe

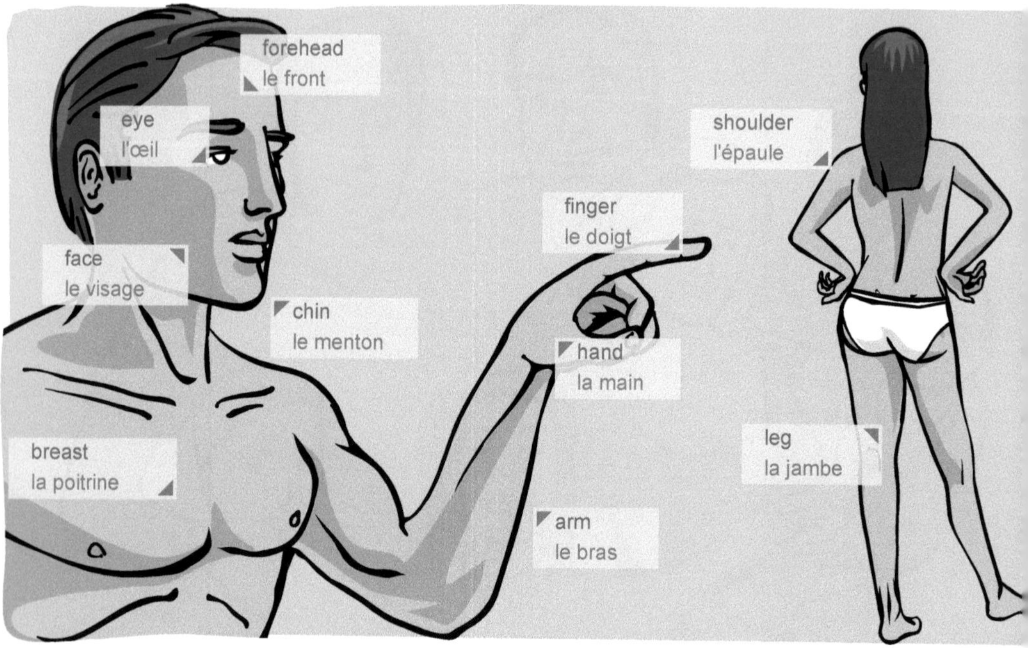

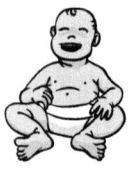

baby

le bébé

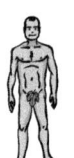

man

l'homme

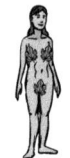

woman

la femme

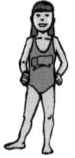

girl

la fille

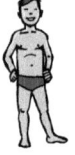

boy

le garçon

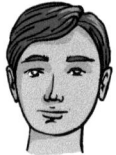

head

la tête

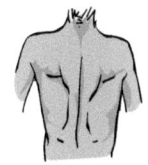

back
le dos

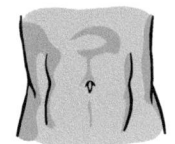

belly
le ventre

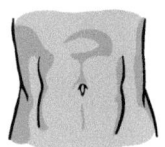

navel
le nombril

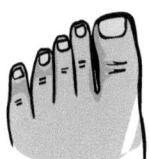

toe
l'orteil

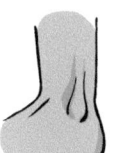

heel
le talon

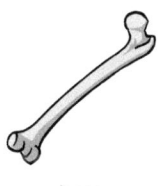

bone
l'os

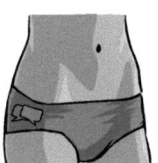

hip
la hanche

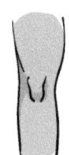

knee
le genou

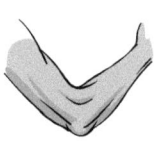

elbow
le coude

nose
le nez

buttocks
les fesses

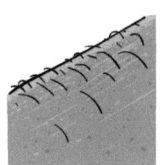

skin
la peau

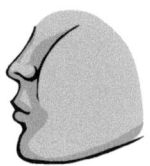

cheek
la joue

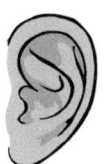

ear
l'oreille

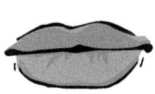

lip
la lèvre

body - le corps

mouth

la bouche

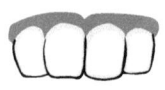

tooth

la dent

tongue

la langue

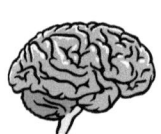

brain

le cerveau

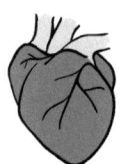

heart

le cœur

muscle

le muscle

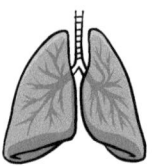

lung

les poumons

liver

le foie

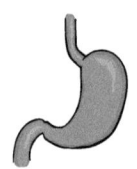

stomach

l'estomac

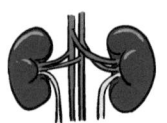

kidneys

les reins

sex

le rapport sexuel

condom

le préservatif

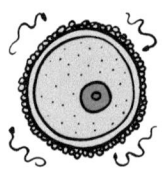

ovum

l'ovule

semen

le sperme

pregnancy

la grossesse

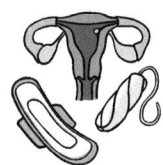

menstruation

la menstruation

vagina

le vagin

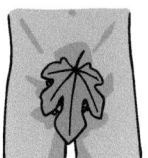

penis

le pénis

eyebrow

le sourcil

hair

les cheveux

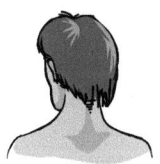

neck

le cou

hospital
l'hôpital

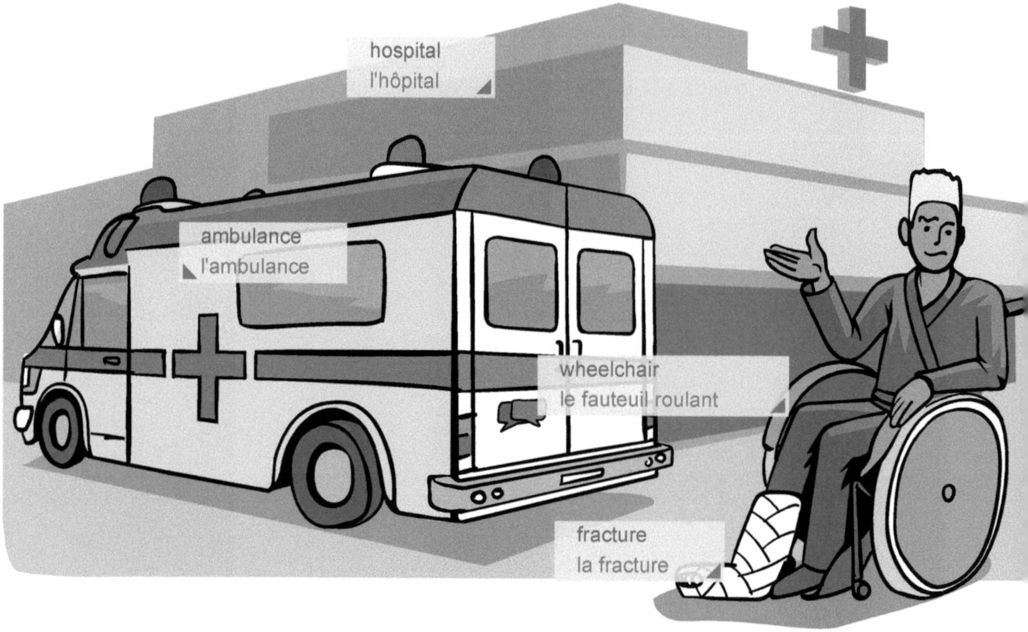

hospital
l'hôpital
ambulance
l'ambulance
wheelchair
le fauteuil roulant
fracture
la fracture

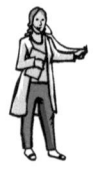

doctor

le médecin

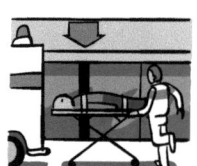

emergency room

le service des urgences

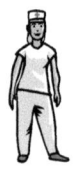

nurse

l'infirmière

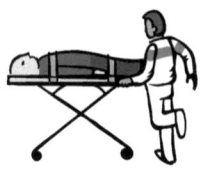

emergency

l'urgence

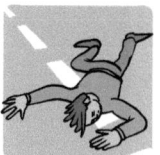

unconscious

inconscient

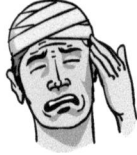

pain

la douleur

injury

la blessure

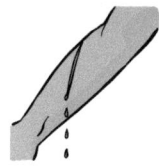

bleeding

l'hémorragie

heart attack

la crise cardiaque

stroke

l'attaque cérébrale

allergy

l'allergie

cough

la toux

fever

la fièvre

flu

la grippe

diarrhea

la diarrhée

headache

le mal de tête

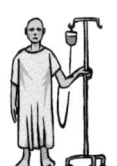

cancer

le cancer

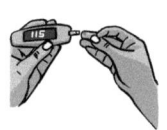

diabetes

le diabète

surgeon

le chirurgien

scalpel

le scalpel

operation

l'opération

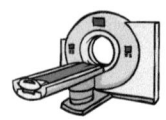

CT
le CT

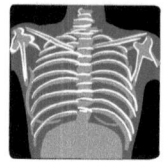

x-ray
la radiographie

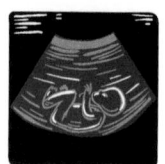

ultrasound
l'échographie

face mask
le masque

disease
la maladie

waiting room
la salle d'attente

crutch
la béquille

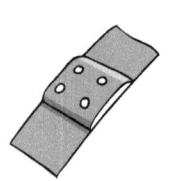

plaster
le pansement

bandage
le pansement

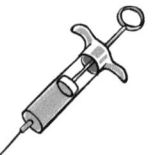

injection
l'injection

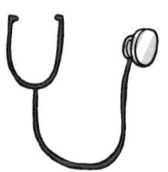

stethoscope
le stéthoscope

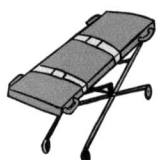

stretcher
le brancard

clinical thermometer
le thermomètre

birth
l'accouchement

overweight
la surcharge pondérale

hospital - l'hôpital

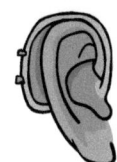

hearing aid

l'appareil auditif

disinfectant

le désinfectant

infection

l'infection

virus

le virus

HIV / AIDS

le VIH / le sida

medicine

le médicament

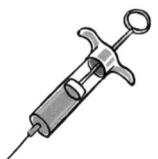

vaccination

la vaccination

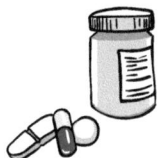

tablets

les comprimés

pill

la pilule

emergency call

l'appel d'urgence

blood pressure monitor

le tensiomètre

ill / healthy

malade / sain

alarm

l'alarme

assault

l'assaut

Help!

Au secours !

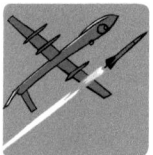

attack

l'attaque

danger

le danger

emergency exit

la sortie de secours

fire extinguisher

l'extincteur

accident

l'accident

Fire!

Au feu!

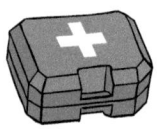

first-aid kit

la trousse de premier
secours

SOS

SOS

police

la police

Europe

l'Europe

North America

l'Amérique du Nord

South America

l'Amérique du Sud

Africa

l'Afrique

Asia

l'Asie

Australia

l'Australie

Atlantic

l'Océan atlantique

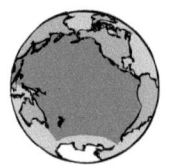

Pacific

l'Océan pacifique

Indian Ocean

l'Océan indien

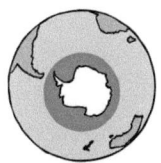

Antarctic Ocean

l'Océan antarctique

Arctic Ocean

l'Océan arctique

North pole

le Pôle nord

South pole

le Pôle sud

Antarctica

l'Antarctique

earth

la terre

land

le pays

sea

la mer

island

l'île

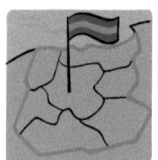

nation

la nation

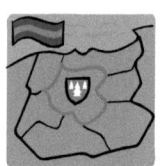

state

l'état

clock face

le cadran

hour hand

l'aiguille des heures

minute hand

l'aiguille des minutes

second hand

l'aiguille des secondes

What time is it?

Quelle heure est-il ?

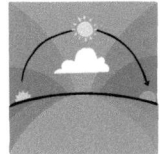

day

le jour

time

le temps

now

maintenant

digital watch

la montre digitale

minute

la minute

hour

l'heure

week

la semaine

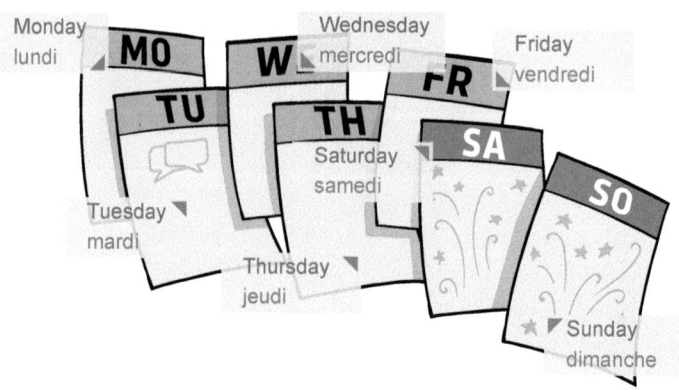

Monday — lundi
Wednesday — mercredi
Friday — vendredi
Tuesday — mardi
Saturday — samedi
Thursday — jeudi
Sunday — dimanche

yesterday

hier

today

aujourd'hui

tomorrow

demain

morning

le matin

noon

le midi

evening

le soir

workdays

les jours ouvrables

weekend

le week-end

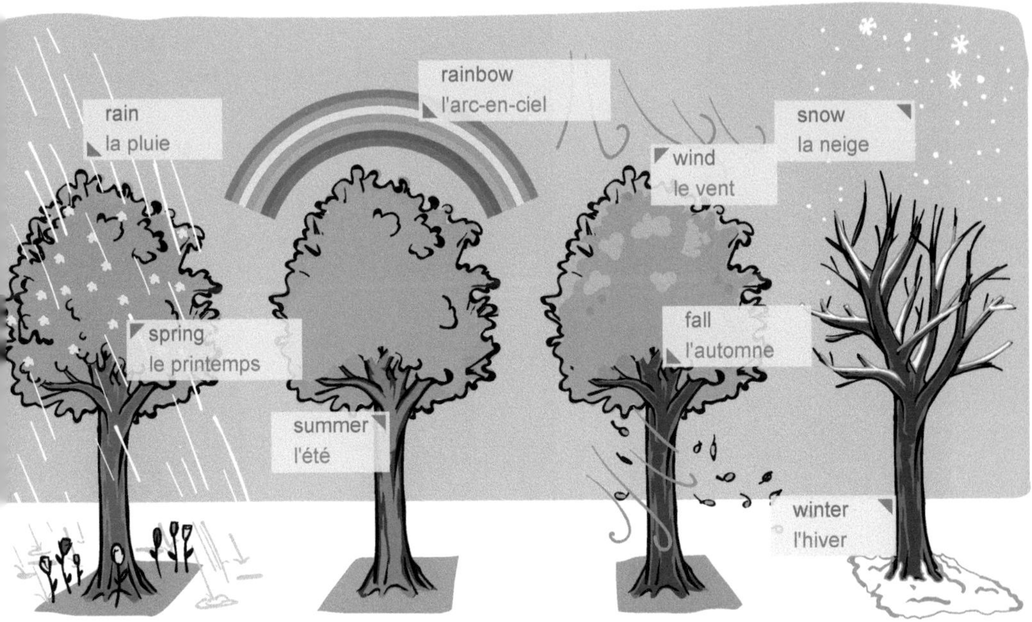

rain
la pluie
rainbow
l'arc-en-ciel
snow
la neige
wind
le vent
spring
le printemps
fall
l'automne
summer
l'été
winter
l'hiver

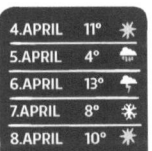

4.APRIL 11°
5.APRIL 4°
6.APRIL 13°
7.APRIL 8°
8.APRIL 10°

weather forecast

la météo

F
C
120
90
60
30
0
-30
40
30
20
10
0
-10
-20

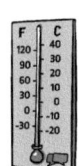

thermometer

le thermomètre

sunshine

la lumière du soleil

cloud

le nuage

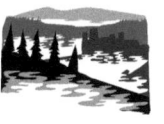

fog

le brouillard

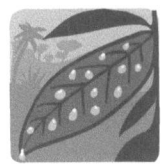

humidity

l'humidité

lightning

la foudre

thunder

la tonnerre

storm

la tempête

hail

la grêle

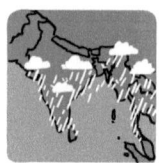

monsoon

la mousson

flood

l'inondation

ice

la glace

January

janvier

February

février

March

mars

April

avril

May

mai

June

juin

July

juillet

August

août

year - l'année

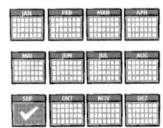

September
....
septembre

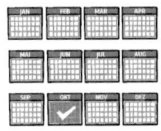

October
....
octobre

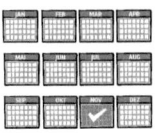

November
....
novembre

December
....
décembre

circle
....
le cercle

square
....
le carré

rectangle
....
le rectangle

triangle
....
le triangle

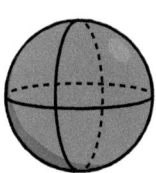

sphere
....
la sphère

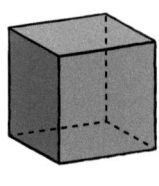

cube
....
le cube

white

blanc

yellow

jaune

orange

orange

pink

rose

red

rouge

purple

violet

blue

bleu

green

vert

brown

marron

gray

gris

black

noir

a lot / a little

beaucoup / peu

angry / calm

fâché / calme

beautiful / ugly

joli / laid

beginning / end

le début / la fin

big / small

grand / petit

bright / dark

clair / obscure

brother / sister

frère / soeur

clean / dirty

propre / sale

complete / incomplete

complet / incomplet

day / night

le jour / la nuit

dead / alive

mort / vivant

wide / narrow

large / étroit

edible / inedible

comestible / incomestible

evil / kind

méchant / gentil

excited / bored

excité / ennuyé

fat / thin

gros / mince

first / last

le premier / le dernier

friend / enemy

l'ami / l'ennemi

full / empty

plein / vide

hard / soft

dur / souple

heavy / light

lourd / léger

hunger / thirst

faim / soif

ill / healthy

malade / sain

illegal / legal

illégal / légal

intelligent / stupid

intelligent / stupide

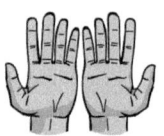

left / right

gauche / droite

near / far

proche / loin

new / used

nouveau / usé

nothing / something

rien / quelque chose

old / young

vieux / jeune

on / off

marche / arrêt

open / closed

ouvert / fermé

quiet / loud

faible / fort

rich / poor

riche / pauvre

right / wrong

correct / incorrect

rough / smooth

rugueux / lisse

sad / happy

triste / heureux

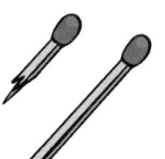

short / long

court / long

slow / fast

lent / rapide

wet / dry

mouillé / sec

warm / cool

chaud / froid

war / peace

la guerre / la paix

numbers
les nombres

0
zero
zéro

1
one
un / une

2
two
deux

3
three
trois

4
four
quatre

5
five
cinq

6
six
six

7
seven
sept

8
eight
huit

9
nine
neuf

10
ten
dix

11
eleven
onze

12

twelve

douze

13

thirteen

treize

14

fourteen

quatorze

15

fifteen

quinze

16

sixteen

seize

17

seventeen

dix-sept

18

eighteen

dix-huit

19

nineteen

dix-neuf

20

twenty

vingt

100

hundred

cent

1.000

thousand

mille

1.000.000

million

le million

numbers - les nombres

languages
les langues

English
l'anglais

American English
l'anglais américain

Chinese Mandarin
le chinois mandarin

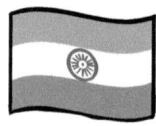

Hindi
le hindi

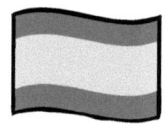

Spanish
l'espagnol

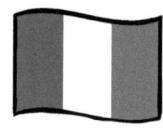

French
le français

Arabic
l'arabe

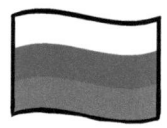

Russian
le russe

Portuguese
le portugais

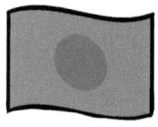

Bengali
le bengali

German
l'allemand

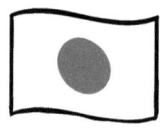

Japanese
le japonais

I

je

you

tu

he / she / it

il / elle / ce, c', cela

we

nous

you

vous

they

ils / elles

who?

Qui ?

what?

Quoi ?

how?

Comment ?

where?

Où ?

when?

Quand ?

name

le nom

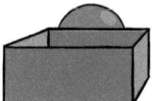

behind

derrière

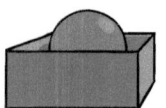

in

dans

in front of

devant

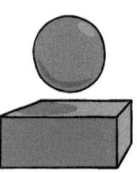

over

au-dessus

on

sur

under

en-dessous

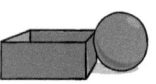

beside

à côté de

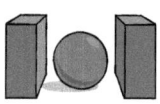

between

entre

place

le lieu